DE LA NÉCESSITÉ

DE LA NOBLESSE

EN FRANCE,

ou

POINT DE NOBLESSE,

POINT DE MONARCHIE.

PARIS. — IMPRIMERIE DE GAULTIER-LAGUIONIE.

DE LA NÉCESSITÉ

DE LA NOBLESSE

EN FRANCE,

OU

POINT DE NOBLESSE,

POINT DE MONARCHIE.

Toute monarchie où il n'y a point de *noblesse* est une pure *tyrannie*.

Dans un état monarchique, le pouvoir intermédiaire, subordonné le plus naturel, est celui de la *noblesse*; abolissez ses prérogatives, vous aurez bientôt un *état populaire*, ou bien un *état despotique*.

Axiomes politiques des philosophes, dans l'ancienne Encyclopédie, au mot Noblesse.

PARIS,

CHEZ DELAUNAY, LIBRAIRE,

GALERIE DE BOIS, AU PALAIS-ROYAL.

ET CHEZ TOUS LES LIBRAIRES.

1826.

DE LA NÉCESSITÉ

DE LA NOBLESSE

EN FRANCE,

ou

POINT DE NOBLESSE,

POINT DE MONARCHIE.

La noblesse, depuis l'institution de la monarchie, a été le plus ferme soutien du trône et le corps intermédiaire le plus utile que le prince ait pu placer entre lui et ses peuples. Une fidélité à toute épreuve, une bravoure qui servait d'exemple aux armées, une intégrité qui assurait une justice exacte et impartiale dans les tribunaux et dans les conseils, une cordialité et une loyauté qui ont purifié les mœurs farouches de la nation, tels sont les principaux caractères d'un corps illustre, dont l'existence date parmi nous de plus de dix siècles.

Les fauteurs d'une révolution qui a précipité la

France et l'Europe dans les malheurs les plus fu-
nestes avaient bien songé qu'ils n'arriveraient jamais à l'exécution de leurs projets criminels, s'ils
ne sapaient, jusque dans ses fondements, l'édifice
redoutable qui devait garantir le trône qu'ils voulaient attaquer, et delà toutes les calomnies, toutes
les persécutions et toutes les lois révolutionnaires
qui ont enfin amené l'anéantissement de la classe
la plus repectable de la nation, et préparé la ruine
de la monarchie la plus ancienne et la plus illustre
de l'Europe. Car, dès que la noblesse fut frappée,
le trône, demeuré sans appui, fut précipité par des
mains sacriléges et parricides dans l'abîme d'une
république, dont le souvenir laissera éternellement
des traces de réprobation et de repentir.

Mais l'action du crime n'a heureusement que
peu de durée, et les hommes, protégés par une Pro-
vidence qui met toujours un terme à ses châti-
ments, finissent par reconnaître leurs erreurs et
par revenir naturellement aux principes régula-
teurs de l'ordre social, qui seuls peuvent main-
tenir et assurer le bonheur et le salut de tous.
Ainsi donc cette monarchie, momentanément mé-
connue, reparut bientôt avec un nouvel éclat, et
le prince législateur, qui ressaisissait le sceptre de
ses ancêtres, pensa qu'il était de toute nécessité,
de toute justice de comprendre parmi les *institutions fondamentales* dont il posait les bases, celle
d'un corps qui avait tant de droits à sa bienveil-
lance, et la noblesse vit de nouveau son *existence
consacrée* dans l'acte constitutif de l'état politique

du royaume. Ce premier effet de la justice et de la puissance du souverain finira très-certainement par être expliqué, appuyé et étendu par ses illustres successeurs : car puisque la noblesse est nommée dans la charte constitutionelle, comme faisant partie essentielle des institutions qui forment les bases de la monarchie restaurée, elle peut donc et elle doit s'attendre à obtenir un jour la force et l'action nécessaire à la vibration du mouvement qu'elle est appelée à exercer, conjointement avec les autres corps constitués du royaume, puisqu'il est de principe politique que jamais un corps constitué ne peut rester muet ou immobile, et qu'il lui faut une action, un mouvement quelconque, afin de remplir le vœu et le but du législateur qui a présidé à sa création.

S'il en était autrement, il y aurait *dérision* dans la création, et jamais il n'y a rien de *dérisoire* dans la formation d'une loi : tout y est sérieux, respectable et décisif.

Quelques publicistes ont pensé que la *noblesse*, dans nos nouvelles institutions, était ou pouvait être représentée par la *chambre des pairs* : ils sont dans l'erreur. La chambre des pairs ne représente aucun corps de l'état ; elle exerce une action suprême sur la législation du pays, et là se borne l'objet de son institution. Elle forme bien le premier corps des autorités instituées par la charte, mais elle n'a aucune qualité spéciale pour représenter telle partie de la nation plutôt que telle autre. Ses éléments, d'ailleurs, se composent de toutes les classes de la société, *nobles anciens*, et *plébeïens méritants*, qui ont été revêtus, à la vérité, de titres nobles; mais comme cette qualité n'est point essentielle pour arriver à la pairie, et que le prince nomme *exclusivement* les pairs, et les choisit parmi tous les sujets de son Empire, ce n'est donc point un corps représentatif, attendu que l'*élection libre* ou *limitée*, ou *conditionnelle*, faite par ceux qui doivent se faire représenter, est l'essence constitutive et indispensable des représentants. Or, c'est une erreur grave que de penser que la chambre haute *représente la noblesse*, et ce serait encore une erreur plus grave de dire que cette chambre *remplace* la noblesse dans nos institutions modernes, parce que la charte veut impérativement une *chambre des pairs*, PLUS une *noblesse*, des *ducs*, des *marquis*, des *comtes*, *vicomtes*, *barons*, etc., et elle se garde bien de dire que toutes les catégories que je viens de nommer sont confondues, remplacées ou représentées par la chambre des pairs; elle établit au contraire leur *institution distincte* et bien ostensiblement *hors de la chambre des pairs*. Donc la noblesse forme à elle seule un corps constitué, sans l'intervention ou la représentation de tout autre corps.

Je rappellerai même, dans cette occasion, que plusieurs écrivains ont disputé à MM. les *pairs plébéiens*, quoiqu'élevés aux titres de *ducs*, *marquis*, *comtes*, ou *barons*, la *qualité de nobles*, attendu que n'étant pas nés dans l'ordre de la noblesse, ils devaient, pour en faire partie d'une manière légale et usitée jusqu'à nos jours, obtenir in-dispensablement de la part du souverain des lettres d'*anoblissement*. Mais je combattrai cette opinion comme erronée, en me reportant à l'article 71 de la charte, qui s'exprime ainsi : La NOBLESSE AN-CIENNE *reprend ses titres;* la NOUVELLE *conserve les siens.* Donc le législateur, par le seul effet de cet article 71, institue, proclame et reconnaît la NOUVELLE NOBLESSE, et elle est dispensée par cette reconnaissance solennelle de toute autre for-malité particulière ; elle est et forme bien la *nou-velle noblesse*, et il y aurait de la mauvaise foi à méconnaître le sens et l'expression formels de la loi. Il est d'autant plus essentiel à la *nouvelle no-blesse*, admise à la pairie, de voir mon opinion consacrée, qu'il résulterait un effet bien singulier de l'opinion contraire; c'est que le fils aîné d'un pair, qui, par droit d'hérédité, arriverait à la pairie et au titre de *duc*, *marquis* ou *comte* dévolu pré-cédemment à son père, verrait, du haut de cette élévation, ses propres frères puînés plongés dans la *roture*, quoique fils comme lui d'un pair *duc*, *marquis* ou *comte*, tandis que si, par l'effet de l'ar-ticle 71, leur père commun est reconnu faire par-tie intégrante de la *nouvelle noblesse*, tous ses fils et leurs descendants en ligne directe, masculine et légitime, sont *nobles*, sans discussion. Voilà, à mon avis, le véritable sens de la loi, et il y aurait injustice à penser autrement. Cette position est même commune, *hors de la pairie*, à tous ceux qui ont obtenu des titres sous le gouvernement impérial, et il est du plus grand intérêt, pour eux et pour leurs descendants, qu'on n'applique pas un sens inverse à la loi suprême, attendu qu'à la mort du père investi d'un titre quelconque, tous ses enfants seraient rejetés du sein de la noblesse, et perdraient ainsi le fruit des travaux et de l'élévation de leur père. Je dois, en écrivain intègre et impartial, mentionner les droits de chacun, et émettre l'opinion que ma grande habitude de la matière m'a fait puiser dans ma conscience.

Mais revenons à ce qui concerne *l'ancienne noblesse* proprement dite, et pensons qu'il sera un jour nécessaire que, de son propre mouvement, elle fasse entendre sa voix aux pieds du trône et dans les chambres législatitives, pour solliciter une loi qui, en conséquence de la volonté de la charte, la mette en rapport avec les autres corps constitués de la monarchie, et lui assigne une hiérarchie effective, que ces mêmes corps ont obtenue par le seul fait de leur institution; car le *roi législateur*, qui a voulu reproduire parmi nous *l'ancienne noblesse* et *les anciens titres*, avait bien pesé, dans son extrême sagesse, que cette institution était utile à l'État, et qu'il ne pouvait réédifier l'antique monarchie, sans rétablir un corps qui en avait fait la gloire et l'appui pendant plus de dix siècles, et qui pouvait de nouveau lui rendre les services les plus éminents. Mais pour arriver à son système restaurateur, mais pour établir la *parfaite égalité devant la loi*, qui était le sentiment et le vœu universel des Français, le monarque a supprimé des *droits* et des *exceptions* qui l'auraient entravé dans l'ensemble de son plan , et la *noblesse* , comme les autres corps de l'État, a perdu des droits exclusifs qu'elle n'a pas même la pensée de revendiquer, et dont elle sent la nécessité de faire le sacrifice au bien-être général. Cependant, quoique, par l'effet de la charte constitutionnelle, la *noblesse* perde des droits et des priviléges qui étaient immenses , elle n'a pas pour cela perdu son existence politique ; elle est avérée , elle est reconnue par cette charte même, et elle s'y trouve essentiellement liée aux autres corps de l'État, tels que le *clergé*, la *chambre des Pairs*, *celle des Députés*, les *tribunaux* , etc. , etc. A la vérité, chacune de ces institutions a ses attributions consacrées et marquées, et la *noblesse* seule n'y fait que l'action décisive et péremptoire de la reprise de ses titres , sans qu'il y soit stipulé ; à son égard , un autre mouvement dans les rouages politiques du gouvernement. Mais les temps imposaient au législateur de faire la *création*, seulement, bien convaincu que plus tard on développerait sa pensée, et qu'on donnerait une force d'action à un corps constitué qui ne peut rester un *être de raison*, parce que, comme je l'ai dit plus haut, toute institution légalement établie doit exercer un mouvement dans la rotation de la machine politique. Ainsi le clergé d'aujourd'hui qui, par l'effet de la charte, a perdu des droits et des prérogatives sans nombre, se trouve comme la *noblesse* dans le droit commun des autres citoyens, imposé par la loi commune, et jugé par la loi commune ; mais, pour cela, il ne reste pas sans action, sans mouvement dans l'État, et ses membres y remplissent des fonctions marquées, et y jouissent d'une considération qui dérive nécessairement de leur position. Il en est de même de tous les autres corps constitués, qui, malgré la perte de leurs anciens droits, prérogatives, immunités et exemptions, ont une action réelle, une vie pleine de force, dans le cercle de leur institution; par conséquent les *antagonistes* déclarés de la noblesse, qui sont très-chauds partisans de la charte, ne peuvent, sans une injustice marquée, vouloir proscrire un corps qui est reconnu et constitué par la charte même. Car quel est l'acte qui fait de la France une *monarchie constitutionnelle?* la charte; par quels moyens les partisans d'un gouvernement plus libre que celui qui existait avant la révolution agissent-ils? par les moyens propres de la charte; c'est donc la charte, enfin, qui fixe tous les droits, tous les devoirs, toutes les espérances? oui; eh bien! n'est-ce pas cette même charte, ce même acte constitutif de toutes les institutions du royaume qui institue et reconnaît aussi la noblesse, et qui lui fait faire, par le seul motif de son institution et de sa reconnaissance, une action péremptoire, un acte de vie et de force des plus décisifs, en la réintégrant dans le droit absolu de *reprendre* des titres de *ducs, marquis, comtes, vicomtes, barons, gentilshommes,* etc., titres qui la distinguent éminemment de droit et de fait des autres citoyens. Donc *l'égalité* devant la loi, à l'égard des impôts, et des délits et des peines, n'a pas lieu en ce qui concerne les citoyens les uns envers les autres, et la masse s'en trouve naturellement distincte par l'effet de la conservation des *titres*, parce que la même loi qui a prononcé cette égalité s'est empressée d'établir une *différence marquée* en faveur du corps reconnu de la noblesse: or tout *titre* comporte *fonctions*, ou transmet des droits à l'exercice d'un privilége ou à l'obtention de ce que nous appelons *honneurs* : et la loi suprême n'a pu vouloir une *noblesse*, des *ducs*, des *marquis*, des *comtes*, *vicomtes* et *barons*, sans qu'ils pussent retirer de leur institution autre chose que la possession froide, sèche et stérile de ces propres titres. La pensée et la volonté du législateur demeureraient sans effet, si ses successeurs ne leur donnaient pas l'extension qui leur devient convenable. Ainsi, que les partisans des libertés publiques appellent sans cesse à leur secours les volontés de la charte, la *noblesse* peut et doit les invoquer à son tour, comme un acte commun de la création de tous les rouages de la monarchie restaurée, et comme un monument protecteur de son existence.

Il ne serait pas convenable que la noblesse élevât des prétentions contraires au droit commun établi ; mais il serait opportun, nécessaire qu'elle réclamât de la sagesse du prince et des législateurs, une loi quelconque qui donnât de l'action à l'institution qui en a été faite par la charte elle-même.

Si, d'après les principes que j'émets dans cette

circonstance, les partisans du système constitu-
tionnel ne voulaient pas apaiser leurs craintes,
(bien frivoles à la vérité) à l'égard d'une loi qui
céderait les moindres avantages *honorifiques* à la
noblesse, j'invoquerais, pour les déterminer, les
propres dogmes, les propres axiomes politiques
des *philosophes encyclopédistes* qui sont les patriarches, les guides et les patrons de nos philosophes modernes. Ces dogmes et ces axiomes se
trouvent consacrés ainsi dans l'*Encyclopédie*, au
mot *noblesse* :

« On peut considérer la *noblesse*, avec le chan-
« celier Bacon, en deux manières, ou comme fai-
« sant partie d'un état, ou comme faisant une
« condition de particuliers ;

« Comme partie d'un état, toute *monarchie* où
« il n'y a point de *noblesse* est une pure tyrannie ;
« la noblesse *entre* en quelque façon dans l'essence
« de la monarchie, dont la maxime fondamen-
« tale est ; *point de* noblesse, *point de monarque.*

« La *noblesse* tempère la souveraineté, et, par sa
« propre splendeur, accoutume les yeux du peuple
« à fixer et à soutenir l'éclat de la royauté sans en
« être effrayé.

« Une *noblesse* grande et puissante augmente la
« *splendeur* d'un prince.

« Dans un état monarchique, le pouvoir intermé-
« diaire, subordonné le plus naturel, est celui de la
« *noblesse ;* abolissez ses *prérogatives*, vous aurez
« bientôt *un état populaire* ou bien un état *des-*
« *potique.*

« L'HONNEUR GOURVERNE *la noblesse*, en lui pres-
« crivant l'obéissance aux volontés du prince; mais
« cet honneur lui dicte en même temps que le prince
« ne doit jamais lui commander une action désho-
« norante. Il n'y a rien que l'honneur prescrive plus
« à la noblesse que de servir le prince à la guerre;
« c'est la profession distinguée qui convient aux
« nobles, parce que ses hasards, ses succès, ses
« malheurs même, conduisent à la grandeur.

« IL FAUT que dans une monarchie les *lois* tra-
« vaillent à SOUTENIR LA NOBLESSE et à la rendre
« héréditaire, non, pas pour être le terme entre le
« pouvoir du prince et la faiblesse du peuple, mais
« pour être le *lien* de tous les deux.

« A l'égard de la *noblesse* dans les particuliers,
« on a une espèce de respect pour un vieux châ-
« teau ou pour un bâtiment qui a résisté au temps,
« ou même pour un bel et grand arbre qui est
« frais et entier malgré sa vieillesse, COMBIEN EN
« DOIT-ON PLUS AVOIR pour une *noble* et *ancienne*
« *famille* qui s'est maintenue malgré les orages des
« temps !

« Les rois qui peuvent choisir dans leur *no-*
« *blesse* des gens prudents et capables trouvent,
« en les employant, *beaucoup d'avantage et de fa-*
« *cilité:* le peuple se plie naturellement sous eux
« comme sous des gens qui sont *nés pour com-*
« *mander.* »

Voilà donc le langage des plus puissants et des
plus illustres partisans du système philosophique,
à l'égard de la noblesse !... il est tel qu'aucun

écrivain monarchique n'oserait le tenir, sans craindre d'attirer sur lui tous les anathèmes des publicistes du jour ; mais en même temps il est l'hommage le plus éclatant qu'on puisse rendre à un corps qui n'a cessé de faire les plus grands sacrifices pour le prince et pour la patrie , et envers lequel l'emploi de la vérité était le premier besoin de la part même de ceux qui devenaient ses adversaires.

Mais les partisans des libertés constitutionnelles, en jetant au néant les opinions de leurs prédécesseurs, nous objecteront peut-être que, dans la restauration de la monarchie, il eût été convenable de ne faire aucune mention ni de la *noblesse* ni des *titres* qui en établissent le caractère ; oh ! alors ce serait substituer leur pensée, leur volonté à celles du législateur ; ce serait eux qui se placeraient au-dessus de la loi et prétendraient la donner ; et si, à leur instar, chaque corps dans l'État, qui se trouverait contrarié par l'institution d'un autre corps, tenait le même langage , nous verrions les tribunaux inférieurs récuser les cours suprêmes qui sont instituées pour censurer ou réformer leurs jugements ; nous verrions le *protestant* persécuter et anéantir le *catholique*, et les moindres sujets de l'État prétendre tous à devenir les coryphées du gouvernement. C'est alors que l'anarchie, qui détériore les nations, et rend victimes les meilleurs et les plus illustres citoyens, remplacerait l'action de la loi ; les passions seules domineraient les peuples , , et chacun ne voulant que ce qui lui semblerait

utile ou profitable, sacrifierait sans rémission tout
ce qui lui paraîtrait inutile ou importun. Tel serait
l'état déplorable des affaires publiques, si la puissance d'un monarque régulateur n'avait imposé la
loi suprême qui doit tôt ou tard calmer tous les
maux et faire revivre toutes les institutions nécessaires au bonheur et à la gloire de la France. Ainsi
il est bien plus sage d'admirer et de respecter
l'œuvre restauratrice que de chercher à la censurer, à l'affaiblir, à l'éluder ; cette œuvre de restauration a voulu l'*égalité* devant la loi, la juste répartition des impôts ; elle appelle tous les Français
méritants à tous les bénéfices de l'État ; eh bien !
que tous les *anciens privilégiés* donnent sans mur-
murer l'exemple de l'obéissance, qu'ils s'identifient
avec les principes de la loi et qu'ils voient, dans les
plébéiens méritants, des hommes dignes de toutes
les récompenses nationales et monarchiques ; mais
aussi il est nécessaire, indispensable, que ces mêmes
plébéiens ne prétendent pas aux faveurs exclusives
de l'État : ce serait une erreur et une injustice de
leur part, attendu que dans l'État il existe d'autres
classes que la leur, classes voulues et instituées par
la loi même qui leur accorde tant de concessions.
Et parmi ces classes se trouve celle de la *noblesse*
qui est impérieusement placée au rang des corps
constitués ; ainsi donc il faut qu'ils s'habituent à
respecter, à *honorer* cette même NOBLESSE, dont les
titres, proclamés constitutionnellement, leur annon-
cent la pensée et la ferme volonté du législateur,

de distinguer *honorablement* les NOBLES des autres citoyens.

Cette habitude viendra avec lenteur et quelques difficultés, à raison des horribles calomnies et des clameurs vociférées contre un corps aussi respectable, pendant la révolution, et que certains esprits, toujours disposés à des bouleversements politiques, se plaisent à entretenir parmi le peuple, aux yeux duquel ils présentent la noblesse comme une institution surannée, inutile, et tombée dans une telle décrépitude qu'elle est hors d'état de rendre désormais aucuns services au prince et à la patrie ; ils ajoutent à un tableau aussi dépourvu de vérité l'épouvantail des *droits féodaux*, l'envahissement exclusif des honneurs et des emplois de la cour et du gouvernement, et avec un tel système de diffamation, ils s'opposent au vœu de la charte, à l'égard de la noblesse, tandis qu'ils ne cessent à chaque instant d'invoquer pour eux-mêmes la protection et l'appui de cette même charte ; ils signalent encore quelques vieillards qui ont conservé l'usage de la frisure et de la poudre, ou qui portent leur épée d'une manière inusitée de nos jours, comme les seuls éléments de la noblesse, afin d'ajouter le ridicule, qui exerce un si fort empire sur les Français, au poison de l'imposture et de la calomnie. Mais parmi toutes les classes du peuple même, n'existe-t-il pas aussi des vieillards qui ont conservé tous les anciens usages des règnes précédents et qui n'en sont pas moins

pour cela dignes du respect et de la confiance pu-
blics?... Malheur aux nations qui ne fléchissent
pas le genou devant la vieillesse, et qui portent l'ir-
révérence et l'audace jusqu'à l'insulter! elles seront
livrées à la fougue, à la tourmente des passions,
et ne jouiront jamais du bonheur réservé à une
sage et pieuse maturité.....

Mais, que le peuple français se détrompe; si la
noblesse a l'honneur et l'avantage de compter des
vieillards, elle a le double honneur et le double
avantage de compter aussi une *multitude* de jeunes
gentilshommes qui servent actuellement dans nos
armées et qui certes *portent et manient* l'épée
avec autant d'art, de dextérité et de bravoure que
quelque plebeïen que ce soit; dans la dernière
campagne, ils ont servi de manière à mériter les
éloges du prince et l'estime de la nation, autant
que les plus vieux soldats, et ils ont fait espérer
que la France, en cas d'attaque des étrangers,
pouvait encore, comme sous l'ancienne monarchie,
attendre son salut de leur courage et de leur dévouement.

Pour ramener les détracteurs de la noblesse à
de plus justes sentiments, demandons-leur de
quelle époque ils peuvent dater sa *décrépitude
prétendue*, et son *absorption politique et militaire?*
Ils ne remonteront certainement pas au-delà du
siècle de Louis XIV, ni ne s'arrêteront pas à cette
époque qui est une période de gloire et d'illustration des plus avérées pour la noblesse, dont les
faits ornent les plus belles pages de l'histoire de

France. Ils n'oseront pas, non plus, citer les fastes militaires du règne de Louis XV, parce que les batailles de *Fontenoy*, de *Rocoux* et de *Law-feltd*, en 1745, 1746 et 1747 sont là pour constater les efforts inouis et le dévouement patriotique de la noblesse française; se borneront-ils à la guerre maritime de 1756; ils s'en garderont bien; car c'est dans ce temps même où les escadres françaises, sous les ordres de M. de la *Galisonnière*, mirent dans le désordre le plus effrayant les vaisseaux anglais et forcèrent leur amiral *Bing* à se réfugier dans sa patrie où il paya de sa tête le malheur de sa défaite? Ils ne parleront pas non plus d'une autre victoire maritime, remportée au *Canada* en 1758, par le marquis de Montcalm, sur le général anglais Abercrombi, qui fait un honneur infini à la *marine française*, qui n'avait cependant que des *officiers nobles* à sa tête? Enfin ils céleront de même le gain des batailles de *Cassel* et de *Johannisberg*, par nos armées sous les ordres des maréchaux d'Estrées et de Soubise et du prince de Condé, batailles qui amenèrent la paix de 1763.

Nous voici maintenant arrivés au règne de Louis XVI, et à la guerre que causa avec l'Angleterre la reconnaissance faite par la France des États-Unis de l'Amérique en 1778. Les succès brillants de notre marine, toujours commandée par des officiers pris *dans le sein de la noblesse*, et entre autres par MM. de *Bouillé*, de *Kersaint*, *d'Orvilliers*, de *Vaudreuil*, de *Chauffaut*, *d'Estaing*, de *Grasse*, de la *Mothe-Piquet*, de *Guichen*, de la *Touche-Tréville*, de *Rochambeau*, et de *Suffren*, sont tracés dans l'histoire d'une manière ineffaçable, et forcèrent les Anglais à signer le traité de 1783, par lequel ils reconnurent, à l'instar de la France, cette même indépendance de l'Amérique.

Or, jusques à une époque tout-à-fait rapprochée de nous, il n'y a ni *vieillesse*, ni *décrépitude*, dans *l'ordre de la noblesse*; c'est au contraire cet ordre qui, dans les armées de terre et de mer, toutes commandées par des généraux et officiers *nobles*, soutint l'honneur et la gloire de la nation française!....

De 1783 à 1789 et 1793, nous entrons dans la période fatale de notre révolution, et là il convient encore d'examiner si la noblesse n'a pas tenté les efforts les plus généreux pour en arrêter le cours, c'est-à-dire pour sauver le monarque et la monarchie?

Le désastre de nos finances faisait présager depuis long-temps quelque grande catastrophe pour l'État, et la voix patriotique d'hommes estimables mus par l'amour du bien public réclamait l'intervention du riche, dans les impôts que payait le pauvre; la *noblesse* ne fut point insensible au malheur de ses compatriotes, et elle annonça dès ce moment l'intention de partager le fardeau du peuple; nous en avons pour preuve ce célèbre arrêt du parlement de Paris du 5 décembre 1788, les *pairs y séant*, dans lequel le roi fut supplié de supprimer *tous impôts distinctifs des ordres*, d'établir *l'égalité des charges;* d'imposer la *responsa-bilité* des *ministres,* de proclamer la *liberté indi-viduelle des citoyens* et la liberté légitime de la presse.

Cet arrêt du parlement assisté des pairs du royaume se trouve encore corroboré par *l'ar-rêté des ducs et pairs de France,* assemblés au *Louvre* le 20 du même mois, signé par trente-deux d'entre eux, et présenté au roi, lequel était en ces termes : « SIRE, les pairs de votre royaume « s'empressent de donner à VOTRE MAJESTÉ et à la « nation des preuves de leur zèle pour la prospérité « de l'État et de leur désir de *cimenter l'union* entre « tous les ordres, en suppliant VOTRE MAJESTÉ de « recevoir le vœu solennel qu'ils portent aux « pieds du trône, *de supporter tous les impôts et* « *charges publiques dans la juste proportion de* « *leur fortune; sans exemption pécuniaire quel-* « *conque;* ils ne doutent pas que ces sentiments « ne fussent *unanimement* exprimés par *tous les* « *autres gentilshommes* de votre royaume, s'ils se « trouvaient réunis pour en déposer l'hommage « dans le sein de VOTRE MAJESTÉ. »

Quoi! les pairs du royaume, généreux interprètes de la *noblesse,* expriment leur vif désir de cimen-ter *l'union* entre tous les ordres, de supporter *tous les impôts et charges publiques,* dans la juste pro-portion de leur fortune, *sans exception pécuniaire quelconque;* ils ne doutent pas que ce sentiment ne soit *unanimement* exprimé par *tous les gentils-hommes du royaume,* et voilà les hommes que l'on voudrait représenter comme ayant ambitionné de dévorer l'État, et de faire supporter au peuple tout le poids de ses charges !.. il y a véritablement calomnie, intentions coupables et criminelles dans un système de diffamation aussi odieux !..

Mais ne bornons pas là notre examen de la conduite patriotique de la noblesse, et ouvrons les cahiers de doléance présentés par chaque bailliage de France aux États-Généraux de 1789: ce sont les actes les plus sacramentels, les plus avérés et les plus authentiques du temps ; nous y trouverons les mêmes sentiments, le même amour du bien public, et surtout l'expression bien prononcée de subvenir au soulagement du peuple, par l'intervention de l'égale répartition de l'impôt; à ces actes patents des sentiments de la noblesse, ajoutons ce qui s'est passé dans la séance des États-Généraux du 23 mai 1789; une députation de cet ordre se rendit à l'assemblée du *tiers* ou des *communes*, et y fit connaître sa résolution de *renoncer à tous ses priviléges* et de *supporter* AVEC ÉGALITÉ *les contributions et les charges générales*, CONFORMÉMENT, y est-il dit, A LA TRÈS-GRANDE MAJORITÉ DES CAHIERS, *rédigés dans les assemblées bailliagères de ses commettants.*

Or donc, la noblesse a manifesté, de la manière la plus solennelle, l'envie, le besoin de s'identifier avec le peuple, et de supporter avec lui le fardeau des charges de l'État, avant que le peuple même ne le demandât, ne l'exigeât par une révolution que des malveillants voulaient à toute force lui faire opérer.

Convenons maintenant qu'il eût été bien plus sage de profiter, pour rasseoir l'édifice social, des bonnes intentions de la noblesse, et même de celles du clergé, que de monter l'esprit de la populace, pour le lui faire renverser, et précipiter ainsi la nation dans l'abîme d'une révolution qui a dévoré dans son cours et les nobles et les ecclésiastiques et les plébéiens et le riche et le pauvre !...

Ce serait une obligation de plus que la nation aurait à la noblesse, et certes ce ne serait pas une des moindres.

La révolution du 14 juillet 1789 était tout-à-fait inutile, parce que le clergé, la noblesse et toutes les autres classes privilégiées de la France avaient fait l'abandon de tous leurs droits, exemptions et immunités, et s'étaient confondus de cœur et d'esprit avec l'ensemble de la nation pour ne former qu'une même famille, sous l'égide et la protection d'un gouvernement paternel.

Si cette révolution a éclaté, et si elle a eu de si terribles effets, ce n'est point aux grands corps de l'État, ni à la masse saine du peuple, qu'il faut en adresser le reproche, mais seulement à des *enfants perdus de la France*, qui espéraient, en bouleversant tout, envahir et posséder, par l'effet de la révolte ce qui leur était échappé par l'effet de leur inconduite et de leur dissipation. Ces hommes turbulents et ambitieux ne jouirent pas long-temps du fruit de leurs erreurs et de leurs fautes, car des hommes plus méchants et plus atroces parurent sur la scène politique et y opérèrent l'odieuse ré-

volution de 1793, en envoyant à l'échafaud et en
précipitant dans l'horreur des prisons leurs propres prédécesseurs dans le système révolution-
naire, et, en outre, tout ce que la France possédait
d'hommes de bien.

Dans des circonstances aussi douloureuses, que
fit encore une grande portion de la *noblesse?* elle
se réunit dans la *Vendée*, y prit les armes, associa
le peuple de ces contrées à son honneur et à son
dévouement, et là, lorsque dans toutes les autres
provinces du royaume l'hydre à cent têtes vomissait
son venin fatal et destructeur, le nom et l'autorité du roi furent reconnus, consacrés et mainte-
nus. La *Vendée* fut la France, et offrit un asile à
la monarchie ; la noblesse prouva alors à l'Europe
et à la nation que le *lien* qu'elle forme entre le prince
et le peuple, selon la propre expression des philosophes encyclopédistes, n'était point rompu, et qu'elle
avait, au contraire, les moyens de le resserrer avec
plus de force et plus d'éclat. Effectivement, la fu-
reur et le désespoir des révolutionnaires, aidés de
nombreuses armées, ne purent jamais parvenir à
briser l'œuvre de la *noblesse* et de la *fidélité ;* et la
Vendée, sous l'*étendard royal*, demeura l'épou-
vante et l'effroi des fauteurs de la révolution, qui
y rencontrèrent constamment l'ancienne monarchie, ses attributs, son pouvoir et sa force. Tant
de dévouement de la part de cette province devra
lui mériter nécessairement d'être proclamée, au
jour de justice, *le premier département de la
France*, car ayant défendu le *prince* et le *sol*, les

hommes et le *sol* ne peuvent manquer d'être honorés.

Je viens de parcourir avec la plus exacte vérité toutes les époques les plus sérieuses de notre histoire depuis près de trois siècles, et de toucher à notre propre période, sans avoir pu rien découvrir qui me fît croire à la *décrépitude* de la noblesse, à l'inutilité de son existence et même à l'incohérence de son institution avec nos institutions modernes; tout ce que j'ai vu, lu, ressassé et médité, me porte au contraire à la considérer comme un des corps qui ont rendu les plus éclatants services au prince et à la nation, et qui peuvent encore désormais coopérer au bonheur et à la gloire de la France.

La seule chose qui ait frappé mon imagination dans le cours de mes recherches, c'est de m'être convaincu que l'esprit de haine et d'animadversion que les fauteurs de la révolution ont répandu contre ce corps respectable, en 1789 et en 1793, se prolonge encore de nos jours, et que le venin de ces calomnies odieuses continue ses ravages et sert vraiment d'épouvantail, pour inspirer au peuple la crainte même du mot *noblesse*. C'est une *manœuvre* qu'il importe singulièrement à la noblesse de combattre et de détruire, et je crois qu'il n'est pas impossible d'y parvenir. La tactique usitée par ses adversaires est non-seulement de déverser sur elle et la calomnie et le ridicule, mais encore d'employer les cent voix de la renommée pour proclamer, vanter et grossir les réputations civiles et militaires qui se sont faites *pendant la*

révolution, de telle manière que ceux qui en sont
l'objet sont présentés comme de vrais *géants*, tandis que les anciens nobles ne sont considérés que
comme des *pygmées*.

Des biographies multipliées, des ouvrages qui
relatent les événements militaires et les résultats
de l'administration publique, des *journaux quoti-
diens*, qui forment un écho perpétuel de tous les
hauts faits des campagnes de la révolution, voilà
ce qu'on présente au peuple pour nourrir son imagination, et la fixer absolument sur l'état actuel des
choses, sans qu'il soit jamais question des événements et des traits héroïques et sublimes qui ont
fait de la France la plus belle et la plus illustre
des monarchies de l'Europe, avant nos troubles
civils. Le présent est tout et le passé ne compte
pour rien ; cependant le présent nous a occasioné
des maux infinis, il a porté dans toutes les familles la désolation et la mort, il a attiré dans
notre propre pays les armées étrangères qui
pouvaient nous imposer le joug le plus affreux, il
a fait naître des passions qui forcent chaque jour
nos tribunaux à multiplier les condamnations aux
peines capitales, et le passé, qui nous laisse les
traces les plus caractéristiques de toutes les vertus
publiques et privées, est à peine cité ; tout date de
la révolution, et il semble qu'on veuille inculquer
au peuple de ne pas aller au-delà. La France moderne est la seule France, et la France ancienne
doit être effacée de tous les souvenirs !.... Telle est
la marche qu'on veut imprimer à l'esprit du siècle,

il s'agit de savoir si la *noblesse*, par un silence qui lui devient fatal, autorisera plus long-temps une semblable déception? Des écrivains, sans nombre, servent le parti de ses adversaires, et pas un n'est entré dans l'arène pour renouveler à la génération présente, et transmettre à la postérité tous les faits importants, tous les traits d'héroïsme qui font, de ce corps illustre, les *ainés* et les *vétérans* de nos héros modernes!....

D'où peut provenir une semblable crainte et un pareil abandon?... ce n'est pas certes la matière qui manque, car il n'est aucun sujet qui offre plus de ressource et d'abondance, et qui présente plus de type à la pratique de toutes les vertus, à l'exercice de tous les talents. Dans *l'art militaire*, dans la conduite des armées, dans l'action des batailles, on pourrait citer avec éclat *toutes les familles nobles de France;* il n'est pas une d'elles qui n'ait fourni, au moins, dix personnages qui n'aient fait autant, et peut-être plus, que tous les modernes dont nos écrivains portent si haut la réputation; dans *l'administration de la justice*, le souvenir seul des vertus et de l'intégrité des membres des anciens parlements nous impose encore un respect qui se prolongera autant que l'existence de la monarchie, et nos tribunaux modernes ne peuvent choisir de plus parfaits modèles; dans les *sciences, les arts et la littérature*, c'est encore la *noblesse* qui a fourni tous les patriarches, tous les patrons de nos savants modernes; la *philosophie* même lui doit ses plus illustres et ses plus sages zélateurs.

C'est encore la classe de la nation qui a le plus exercé la *bienfaisance* et fait le meilleur emploi de ses richesses; les fondations d'hôpitaux, de colléges, d'académies, et de toutes autres associations de charité et de philantropie, lui sont dues dans la plus grande majorité; le *château* était le véritable asile du pauvre, jamais il ne s'y présentait en vain; les *châteaux* sont tombés, et l'infortune reste sans appui! la noblesse est donc, sans contredit, celui de tous les corps de l'état qui présente le plus grand nombre d'hommes utiles, sous tous les rapports de l'ordre social; depuis dix siècles jusqu'à nos jours inclusivement, ces hommes ont pratiqué et propagé toutes les vertus, toutes les sciences dont la nation se fait un si grand avantage aujourd'hui, et il y aurait de l'ingratitude et une injustice criante à méconnaître cette éclatante vérité.

Mais ce qui prive la noblesse de tirer parti de sa position, quoique des plus imposantes, c'est qu'elle a négligé et qu'elle néglige encore de faire constater tous les faits qui peuvent l'honorer, et qui lui donneraient une supériorité marquée, dans notre histoire nationale, sur tout ce que nos écrivains peuvent mentionner à l'égard des modernes. Elle a pensé, sans doute, qu'il lui suffisait d'avoir agi, et d'avoir rempli ses devoirs, sans recourir à la publicité, qui est aujourd'hui le seul moyen d'acquérir de la célébrité et d'obtenir la reconnaissance et l'admiration des peuples.

Les seuls écrivains qui aient prétendu lui consacrer leurs travaux sont les *généalogistes*, et c'est

ce dévouement qui ne prenait et qui ne prend encore origine que dans la *cupidité* la plus repréhen-
sible, qui lui est devenu beaucoup plus nuisible
qu'utile. « A quoi bon, disent les adversaires de
« la noblesse, que nous sachions que telle ou telle
« famille perde son origine dans la nuit des temps,
« ou qu'elle ait l'avantage d'être noble depuis quatre
« ou cinq cents ans, si c'est en cela qu'elle fait
« consister toute sa gloire, toute son importance ?
« ne sait-on pas que ces *généalogistes à gages* sont
« toujours prêts à vendre plus ou moins de siècles,
« selon qu'on leur offre plus ou moins d'argent,
« et qu'en conséquence leurs ouvrages ne peu-
« vent inspirer la moindre confiance, le moindre
« crédit ? »

En effet, dans les circonstances actuelles, quel
fruit la noblesse peut-elle retirer de l'impression
de ses *généalogies* dans des ouvrages que personne
ne lit, et qui sont composés et imprimés par des
hommes qui n'ont *aucun mandat, aucun caractère
légal*, pour ces sortes de travaux ? toute la nation
ne sait-elle pas que la *commisson du sceau des titres* est la *seule autorité constituée* pour le fait de
la noblesse, et pour la reconnaissance des anciennes généalogies et des anciens titres, ou pour
l'obtention de nouveaux anoblissements ou de
nouveaux titres ? hors de là, tout l'argent que la noblesse dépense pour faire parler de son origine est
absolument *en pure perte* et ne fait que lui nuire,
par l'action de la critique qui a lieu sur ces sortes
d'ouvrages, qu'on sait ne paraître jamais que

quand on en a largement payé la composition entre
les mains de l'auteur.

D'ailleurs ces *vendeurs* de *généalogies impri-
mées* sont absolument hors de la ligne dans
laquelle ils voudraient qu'on les supposât, qui
est celle des anciens généalogistes des ordres
du roi, tels que les *Clérembault*, les *Beaujon*,
les *Chérin* et les *Berthier*; mais pour atteindre
leur but et pour confirmer le public dans cette
opinion, il serait indispensable qu'à l'instar de
ces anciens généalogistes, nos modernes n'exi-
geassent rien du public, et ne reçussent aucune
indemnité, ni ce qu'ils appellent généralement
droit d'insertion; alors, en ne recevant *aucun de-
nier* pour rendre leurs oracles, on pourrait les
supposer plus rapprochés de la vérité; les anciens
généalogistes que nous venons de nommer se res-
pectaient encore au point de ne jamais faire imprimer leurs travaux, attendu qu'ils étaient exclusivement réservés pour fixer l'esprit du roi
à l'égard des familles qu'il voulait admettre aux
honneurs de sa cour, et non pour livrer le sort
ou la position de ces mêmes familles à l'action
d'une critique, qui par fois peut être dirigée par
la méchanceté, l'envie ou la vengeance.

C'est ainsi que par un désintéressement imposé
d'abord par le gouvernement, puis religieusement
observé par ces anciens généalogistes, ceux-ci ac-
quéraient, ainsi que leurs travaux, ce degré d'estime, de considération et de confiance qui devenait
nécessaire pour l'illustration et la consolidation

de la noblesse. Mais la *cupidité* de nos généalogistes, ou plutôt de nos auteurs modernes de généalogies, les portant sans cesse à *pressurer* leurs clients, excite d'une part l'animadversion du public pour des ouvrages de ce genre, et de l'autre fait déverser une espèce de dérision sur les familles qui ont la faiblesse de se rendre ainsi tributaires d'écrivains qui n'ont aucun mandat légal à cet effet, et qui n'obtiennent par conséquent aucun crédit dans la foi publique.

Il serait donc nécessaire pour l'intérêt propre de la noblesse qu'elle cessât par des largesses aussi mal placées, d'entretenir ces sortes d'ouvrages, qui lui sont véritablement plus préjudiciables qu'utiles et qu'à l'instar des plébéiens elle soutînt et protégeât des ouvrages convenables à sa sphère, utiles à sa propre instruction et capables d'inspirer à la nation ce sentiment d'estime et d'admiration qu'elle doit naturellement lui inspirer par l'étendue et le mérite de ses nombreux services; alors les plébéiens n'auraient plus à lui reprocher de faire consister sa seule importance dans l'orgueil, l'inutilité et l'invraisemblance de ses *généalogies*. Car la nation française éclairée aujourd'hui sur toutes les parties de l'administration publique, imbue d'une instruction profonde dans les sciences, les arts et la littérature, veut qu'on lui rende compte, qu'on lui fasse connaître, ceux qui, sortis de son sein, ont bien mérité d'elle; les rois eux-mêmes ne sont point exempts d'être jugés à ce nombreux tribunal, et c'est la postérité qui

confirme ou rejette le jugement qui en est émané;
la noblesse peut donc y comparaître avec confiance
et y produire les puissants motifs de sa cause; c'est
alors que cette nation, toujours juste dans la dis-
pensation de son estime et de son admiration, ne
balancera pas à reconnaître; dans la noblesse même,
tous les principes de sa gloire et de son illustration, et à lui en témoigner sa reconnaissance par
le tribut de respect qu'elle ne cessera de payer à
un corps aussi méritant.

Mais il faut pour cela que la noblesse se pé-
nètre du sentiment de sa dignité, de la hauteur et
de l'avantage de sa position, et qu'elle ne songe
plus qu'aux moyens de les faire valoir. Elle ne
pourra obtenir, cependant, ce succès si désirable,
qu'en se livrant elle-même à la connaissance et à
l'étude de ce qu'il lui importe d'apprendre et de
savoir, sur son ancienne législation, son ancienne
jurisprudence, et en déployant aux yeux de la nation la série imposante de tous les services qu'elle
a rendus.

La révolution a dévoré, anéanti tous les ouvrages
qui lui sont nécessaires pour son instruction per-
sonnelle, et s'il est bien que le *gentilhomme*
adopte le système commun de l'éducation élevée
qui honore aujourd'hui la jeunesse française, et
qui l'environne de toutes les lumières qui en forment véritablement des hommes accomplis, il est
encore pour la noblesse une autre carrière de
sciences à parcourir, ce sont celles qui lui sont

propres, c'est-à-dire qui sont absolument inhé-
rentes à sa caste.

Les plébéiens ne négligent rien de ce qui doit les
instruire sur le droit public et privé des nations;
ils sont pénétrés de tous les éléments des libertés
publiques, et se montrent très jaloux de leur conservation. Toutes les anciennes lois, toutes les anciennes ordonnances, tous les anciens usages,
seraient-ils empruntés des Grecs, des Romains,
des Gaulois et des Francs, tout est rappelé par eux
pour en invoquer la force et l'assistance, si elles
sont nécessaires à l'appui de leurs espérances et de
leurs prétentions; *la noblesse, au contraire, dans
une insouciance qui lui devient fatale, oublie et
semble vouloir oublier tout-à-fait les principes, les
éléments, les lois qui avaient fondé, établi son honorable institution; elle ne veut rien savoir à ce
sujet, apparemment pour ne rien avoir à regret-
ter!...* Une telle déception finirait par causer les
effets déplorables de sa ruine, si elle ne s'empres-
sait d'y remédier.

Je pense donc que le seul moyen à employer
pour faire renaître en elle un sentiment d'espoir
qui n'aurait jamais dû s'éteindre, est de replacer
sous ses yeux tous les éléments de son ancienne
constitution, parce qu'il est toujours utile qu'une
caste honorable connaisse la législation qui a pu
l'investir, et qu'ainsi les pères puissent transmettre à leurs enfants le souvenir de leur ancienne existence; on me dira peut-être que des

souvenirs sont peu de chose; je répondrai que lorsqu'ils sont fondés sur l'honneur, le salut public, l'amour du prince et de la patrie, ils sont toujours capables de produire l'effet le plus salutaire sur l'esprit d'un homme bien né; d'ailleurs les plébéiens n'ont-ils pas leurs propres souvenirs, qu'ils reproduisent sans cesse, en les décorant de tout ce qui est susceptible de monter l'imagination de ceux de leur parti?

Je pense donc qu'il serait de la plus haute importance pour la noblesse de faire établir un ouvrage qui, sous le titre de *Bibliothéque du vrai Gentilhomme*, contiendrait LA LÉGISLATION ET LA JURISPRUDENCE DE L'ANCIENNE NOBLESSE DE FRANCE, et serait divisé ainsi qu'il suit :

1° Les lois, arrêts, ordonnances et réglements rendus sous les divers règnes de nos rois sur le fait de la noblesse et des anoblissements ;

2° L'institution des droits, prérogatives et fonctions des grands-officiers de la couronne et de la maison du roi ;

3° L'institution des droits et priviléges des autres charges, offices ou emplois civils et militaires qui donnaient la noblesse ; tels que ceux d'officiers de la maison du roi, d'officiers-généraux des armées, d'officiers des parlements et cours supérieures du royaume, secrétaires du roi, trésoriers de France, maires et échevins de certaines villes, etc., etc. ;

4° Les cas de dérogeance, de déchéance et de réhabilitation ;

5° Les différentes sortes de noblesse et d'anoblissements;

6° Les érections de terres en *duchés, marquisats,
comtés, vicomtés et baronnies* qui assurent aux
familles qui les ont obtenues le droit légal de
porter ces titres ;

Enfin une infinité d'autres matières qu'il importe
à la noblesse de connaître, sur les éléments de son
institution; et, pour en faciliter la recherche, le
travail serait fait par ordre alphabétique, et dans le
système d'un *dictionnaire;* cette partie formerait
quatre volumes in-8° de cinq cents pages chacun.

C'est un monument qu'il appartient à la noblesse de faire réédifier, dans un moment, surtout,
où l'on semble, par des écrits qui se multiplient
d'une manière inconcevable, vouloir faire oublier
tout le mérite, tous les services d'une classe aussi
respectable, et où l'on recueille avec le plus vif
empressement tous les éléments, tous les principes
de la législation ancienne et moderne à l'égard de
la classe plébéienne.

J'ai réuni tous les matériaux nécessaires pour
un semblable ouvrage, mais je ne me détermine-
rai à le publier qu'autant que la noblesse me té-
moignerait le désir de le voir paraître; et que d'un
mouvement spontané il se présenterait au moins
mille souscripteurs. C'est aux chefs de famille à
se prononcer à cet égard, et dès que leur sentiment me sera connu, je ferai l'utile emploi de
mes matériaux, et lorsque cette partie si essentielle de la *légis'ation nobiliaire* sera terminée ,

je pourrai, selon le vœu qui me sera exprimé par les familles, me livrer à un travail spécial sur le *personnel de l'ancienne noblesse de France.*

Cette partie offrirait *l'historique* de chaque famille dans les catégories suivantes :

1° Les services rendus dans l'état ecclésiastique, dans la magistrature, les conseils du roi, la diplomatie et l'administration publique ;

2° Les services militaires dans tous les grades ;

3° Les fondations pieuses d'hôpitaux, monastères et communautés religieuses ; ce sont autant de souvenirs honorables qu'il est bon de consacrer, pour l'histoire des localités ;

4° Les connaissances développées dans les sciences, les arts, la littérature et les voyages ; avec la nomenclature des œuvres qui auront pu en être publiées ;

5° Les divers titres ou décorations obtenus en récompense des services civils ou militaires ;

6° Le tableau général des familles nobles qui ont obtenu avant la révolution les *honneurs de la cour,* d'après les preuves régulières et incontestables, faites au cabinet des ordres du roi ;

7° Enfin tout ce qui serait susceptible d'établir l'état historique et honorifique de chaque maison.

De cette manière la *Bibliothèque du vrai Gentilhomme* se trouverait complète, et porterait à la connaissance de la nation et des nations étrangères tout ce qui constituait la législation de l'ancienne noblesse française, et tout ce qui est susceptible de rappeler les services qu'elle a rendus à l'État, et qui doivent lui mériter la considération et le respect des peuples.

Cet ouvrage formera, non-seulement, un *code* qu'il sera très-utile de *consulter*, dans bien des circonstances, mais il offrira encore des articles biographiques qui pourront rivaliser avec avantage, avec ceux qu'on ne cesse de nous reproduire concernant les plébéiens.

Je terminerai ce discours en disant à la *noblesse française* qu'elle peut tout espérer d'une nation qui a toute la capacité nécessaire pour juger avec la plus saine raison, avec la plus grande impartialité, tout ce qui est soumis à son extrême justice, et que cette nation est gouvernée par un prince dont le cœur peut servir de modèle aux autres souverains du monde ; le roi Charles X ne laissera jamais sortir de sa mémoire les paroles du *comte d'Artois*, prononcées dans la chambre de la noblesse aux États-Généraux de 1789, séance du 23 mai : « Je donne à la chambre la ferme « et certaine assurance que le sang de mon aïeul, « Henri IV, a été transmis à mon cœur dans toute « sa pureté, et que tant qu'il m'en restera une « goutte dans les veines, je saurai prouver à l'uni- « vers entier *que je suis digne d'être né gentilhomme « français.* »

Ce prince si pénétré, dans l'instant où il parlait, de l'importance et de l'utilité du corps de la *noblesse*, ne prévoyait pas qu'il lui donnerait, sous peu, à lui et à tous les personnages augustes de sa maison, de nouvelles preuves de sa fidélité, et de son dévouement, et qu'il sacrifierait, sans balancer, et ses biens et sa vie pour la défense du trône auquel il devait être appelé un jour. Ce trône est rétabli, la monarchie existe dans toute sa vigueur ; donc ces *familles monarchiques* ont des droits réels à la reconnaissance du prince , et leur réinstitution dans certains *avantages honorifiques*, qui ne sont susceptibles de froisser en rien les principes constitutionnels, devient indispensable. Le souverain d'ailleurs qui prétend prolonger sa dynastie doit penser sérieusement à la *conservation* de ces mêmes familles, attendu qu'elles forment les éléments de sa propre *conservation*, et que ce sera toujours dans leur sein que se trouvera ce *germe* de fidélité inaltérable, qui, dans ses développements , vivifie et utilise les principes monarchiques, et donne une garantie irréfragable à toute stabilité politique.

Les 4 volumes in-8°, de 5oo pages chaque , qui formeront le *Dictionnaire de Droit*, ou *Code de l'ancienne noblesse française*, et qui seront la base de la Bibliothèque du vrai Gentilhomme, coûteront chacun 7 fr. 5o c., pris à Paris.

On ne fera point d'envoi de fonds à l'avance, il suffira de faire tenir sa *déclaration de souscription*.

Toutes les lettres devront être adressées *port franc* , à M. Gaultier-Laguionie, imprimeur , rue de Grenelle, hôtel des Fermes à Paris, en ajoutant: *pour la Bibliothèque du vrai Gentilhomme.*

Toutes les observations qu'on voudra adresser

à raison de l'ouvrage proposé ou du discours qui précède seront reçues avec intérêt et reconnaissance.

MM. les *Gentilshommes des provinces* sont invités à communiquer la présente brochure aux membres de la noblesse de leur canton.

FIN.